AF253623

LA
COLONISATION FRANÇAISE

DANS SES RAPPORTS
AVEC LES INDIGÈNES ALGÉRIENS

ÉTUDE

PRÉSENTÉE A LA SOCIÉTÉ DES AGRICULTEURS D'ALGÉRIE

PAR

ALBERT GLORIEUX

Professeur agrégé au Lycée d'Alger

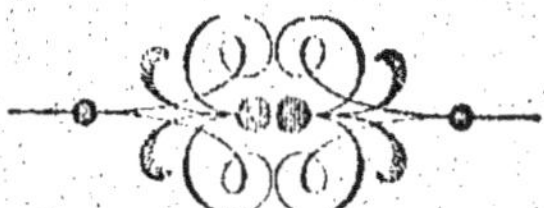

ALGER

IMPRIMERIE ORIENTALE, P. FONTANA ET Cⁱᵉ, RUE D'ORLÉANS, 20

1900

LA COLONISATION FRANÇAISE

DANS SES RAPPORTS

AVEC LES INDIGÈNES ALGÉRIENS

LA COLONISATION FRANÇAISE

DANS SES RAPPORTS

AVEC LES INDIGÈNES ALGÉRIENS

:o:

ÉTUDE

PRÉSENTÉE A LA SOCIÉTÉ DES AGRICULTEURS D'ALGÉRIE

PAR

Albert GLORIEUX

Professeur agrégé au Lycée d'Alger

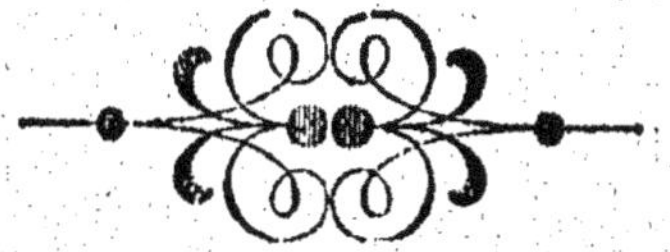

ALGER

IMPRIMERIE ORIENTALE, P. FONTANA ET Cⁱᵉ, RUE D'ORLÉANS, 29

1900

AVANT-PROPOS

En recevant de la 4ᵉ Section du 2ᵉ Congrès des Agriculteurs d'Algérie la mission de préparer une étude sur la Colonisation dans ses rapports avec les Indigènes, nous n'avons eu la pensée — ni de présenter un travail complet sur une question aussi étendue, — ni d'établir une statistique scientifiquement rigoureuse des salaires que les indigènes reçoivent de nos colons.

Nous ne pouvions songer dans ce modeste travail qu'à indiquer brièvement, qu'à poser quelques-uns des éléments du problème pour en faire ressortir toute l'importance et ouvrir sur un terrain préalablement déblayé une discussion utile.

Les chiffres dont nous nous sommes servi comme base de nos calculs (nombre d'hectares cultivés en vignes, en céréales, nombre des orangers, oliviers, etc.,) sont tous empruntés aux documents officiels et plus particulièrement à la dernière *Statistique triennale (1894, 95, 96)* et à la *Situation générale de l'Algérie pour l'année 1897.*

Quant aux calculs que nous avons établis ensuite, nous en avons recueilli les éléments près de nombreux colons qui appartiennent aux diverses régions de l'Algérie et que nous remercions bien vivement de leur précieux concours.

LA COLONISATION FRANÇAISE

DANS SES RAPPORTS

AVEC LES INDIGÈNES ALGÉRIENS

C'est une opinion encore très répandue en France que la colonisation ne peut s'étendre en Algérie qu'aux dépens des populations indigènes, que la prise de possession par l'Européen de terres jusqu'ici possédées à titre personnel ou collectif par des indigènes diminuerait leurs facultés d'existence et les réduirait peu à peu et nécessairement à la misère ; qu'en conséquence l'intérêt des indigènes est opposé à tout accroissement de la propriété française, et que le devoir de la France, tutrice naturelle de ses sujets algériens, est de limiter par les voies légales cet accroissement, de se faire en toutes circonstances la protectrice de l'indigène menacé par le colon. Or rien n'est plus manifestement contraire aux faits.

Car, s'il est vrai que, pour s'étendre, la colonisation a besoin de terres et que ces terres elle ne peut les demander qu'aux indigènes, il serait juste de reconnaître qu'il existe des étendues considérables, possédées ou plus souvent simplement occupées par les indigènes, dont ils ne tirent fréquemment aucun parti, et que la venue au milieu d'eux de colons français apportant, avec l'esprit d'initiative, les capitaux nécessaires à la mise en valeur de terrains restés jusque là improductifs, loin de les ruiner, ne peut que leur donner des facilités nouvelles d'existence, — directement, par les salaires agricoles qui leur sont offerts, — indirectement, par la plus-value et les facilités d'écoulement plus grandes qui en résultent pour leurs produits ; en sorte que, par une fatalité économique d'ailleurs inéluctable, non seulement les intérêts du colon et de l'indigène ne sont point inconciliables, mais l'indigène, détenteur de la main-d'œuvre, devient l'auxiliaire indispensable du colon et le colon le soutien naturel et constant de l'indigène.

Il suffit d'un rapide coup d'œil sur les résultats de notre colonisation, du contact incessant entre les colons et les indigènes, pour se rendre compte de ces faits.

SALAIRES AGRICOLES.

Tout d'abord, une chose est hors de conteste, c'est que la colonisation européenne, pour mettre en valeur les 1.400.000 hectares dont elle dispose, a besoin d'une main-d'œuvre considérable, et que la plus grande partie de cette main-d'œuvre lui est fournie par les populations indigènes à qui elle distribue ainsi directement, sous forme de salaires, une somme énorme chaque année.

Ce serait une œuvre très délicate et très complexe de préciser, avec une rigoureuse exactitude, la quotité de cette somme. Seule l'Administration dispose des moyens nécessaires pour faire une enquête générale dans la colonie et déterminer, dans chaque localité, le chiffre des salaires annuellement versés aux indigènes par chacun des propriétaires français.

A défaut de cette enquête officielle et authentique, que l'agriculture algérienne désirerait vivement voir réaliser, il est possible, étant donné la connaissance des procédés de culture usités dans les diverses parties de la colonie et des conditions normales de la main-d'œuvre employée, d'arriver à une évaluation suffisamment approximative pour donner une juste idée de la situation des ouvriers indigènes par rapport aux colons européens.

D'une manière générale, nous avons tenu compte dans une très large mesure de la part qui peut revenir à la main-d'œuvre étrangère (étrangers européens ou marocains), ainsi que du travail directement accompli par le petit colon ; les chiffres auxquels nous nous sommes arrêté peuvent donc être considérés comme des minimum ; à coup sûr, ils sont inférieurs à ceux qu'une enquête officielle et générale pourrait faire ressortir.

VIGNE.

Déduction faite des cultures indigènes (environ 6.300 hectares), il reste 125.000 hectares cultivés par les Européens. Qu'il s'agisse de grandes ou de moyennes exploitations, de vignes cultivées à la pioche ou à la charrue, la somme moyenne des salaires distribués est d'environ 250 francs par an et par hectare, comprenant la taille, les différentes façons, labours ou piochages, hersages, les sulfatages, badigeonnages divers et soufrages, le ramassage des altises et chenilles, les frais de vendange. .

Ce chiffre de 250 francs ne se rapporte bien entendu qu'à la main-d'œuvre journalière, déduction faite des salaires payés aux chefs de chantiers, de cultures, cavistes, etc., attachés à demeure à la ferme, et qui sont le plus ordinairement des Européens.

Toutefois, dans le département d'Oran et dans une partie de la zone côtière des départements d'Alger et de Constantine, on emploie aussi des journaliers européens, des espagnols principalement ; d'autre part, les bons tailleurs indigènes sont encore peu nombreux, et pour ce travail de la taille, toujours délicat, beaucoup de colons préfèrent engager des ouvriers européens ou même faire venir des tailleurs des départements français du Midi. Enfin, il faut tenir compte de ce que le tout petit colon effectue par lui-même une partie des travaux pour lesquels le moyen et le grand propriétaire sont obligés de payer une main-d'œuvre.

Pour 125.000 hectares à 250 francs par hectare, les colons distribueraient 31.250.000 francs de salaires ; en réduisant ce chiffre d'un quart, pour tenir compte dans une large mesure des restrictions qui précèdent, il reste une somme ronde de 23 millions. On ne saurait évaluer à moins la masse des salaires dont la viticulture européenne fait profiter annuellement les travailleurs indigènes.

CÉRÉALES.

Les colons européens cultivent en céréales diverses (blé tendre, blé dur, orge, avoine, etc.) environ 480.000 hectares : généralement, les labours et autres travaux sont exécutés, au moins pour une grosse part, par le personnel de la ferme ; c'est surtout pour la moisson et les battages qu'il faut avoir recours aux journaliers dont beaucoup sont engagés à la tâche.

En s'en tenant aux évaluations les plus modérées, on ne saurait admettre, pour cette main-d'œuvre supplémentaire, une dépense inférieure à 30 francs par hectare, ce qui pour 480.000 hectares donnerait 14.400.000 francs.

En représentant par 2.400.000 francs, chiffre évidemment supérieur à la réalité, la part qui pourrait revenir à la main-d'œuvre espagnole, principalement dans la province d'Oran, il resterait au moins, du fait des cultures européennes de céréales, une douzaine de millions de travaux acquis aux indigènes.

DOMESTIQUES, EMPLOYÉS DE FERME, ETC.

Nous n'avons tenu compte jusqu'ici que des deux cultures principales, la vigne et les céréales, et encore ne nous sommes-nous occupé que des seuls travaux qui nécessitent, à un moment donné, une main-d'œuvre exceptionnelle. Mais n'avons-nous pas dans toutes nos fermes des indigènes à demeure, employés aux travaux les plus divers ?

Les uns sont garçons d'écurie, cochers ou charretiers ; d'autres s'occupent de l'étable, de la bergerie, pendant que leurs enfants gagnent aussi leur journée à conduire les troupeaux aux champs. Si la ferme est importante, elle a des indigènes de confiance chargés de courir les marchés pour acheter ou vendre les bêtes destinées au travail ou à l'engrais.

Il y a des travaux, comme les labours, les semailles, auxquels on ne peut assurer à l'avance une époque précise, puisqu'ils dépendent de la situation atmosphérique et que les intempéries peuvent les interrompre ou les empêcher ; il faut pouvoir profiter de tous les moments favorables, et par conséquent avoir sous la main un personnel à demeure ; c'est ainsi qu'à côté de la ferme s'élèvent presque toujours des gourbis où vivent avec leur famille des journaliers indigènes qui font 200, 250 journées dans leur année, et en feraient plus encore s'ils étaient toujours disposés à accepter le travail quand il se présente.

Une enquête officielle déterminerait aisément combien d'indigènes sont ainsi employés toute l'année ou à peu près dans les 6.000 fermes de la colonie, et quels salaires leur sont attribués. A défaut de base d'évaluation précise, nous nous contenterons d'un chiffre moyen très faible, assurément inférieur à la réalité. Comptons, pour chacune de nos 6.000 fermes, un minimum de 2 indigènes occupés à divers titres et recevant, sous des formes variées, gages, nourriture, etc., au moins 50 francs par mois ; nous arrivons à une somme globale de 7.200.000 francs qui est encore peu de chose au prix de ce que doit être le chiffre réel.

CULTURES SECONDAIRES.

Si nous passons maintenant aux cultures secondaires, les bases d'évaluation deviennent, sauf en quelques points, trop incertaines pour que nous puissions risquer des chiffres, même approximatifs ; et cependant, s'il est vrai que les cultures maraîchères, si prospères sur le littoral, emploient surtout la main-d'œuvre espagnole ou italienne, il est incontestable que, dans la province de Constantine notamment, un certain nombre d'indigènes y sont occupés. Par contre, il est constant que ce sont des indigènes qui mettent en valeur le plus grand nombre des 750.000 orangers ou citronniers, des 2.000.000 d'oliviers greffés appartenant à des Européens. En ce qui concerne les orangers, la prédominance des petites orangeries ne permet guère d'établir pour les frais de culture à l'hectare un chiffre moyen et de faire le compte de ce qui pourrait revenir comme salaire à la main-d'œuvre indigène.

Pour l'olivier, malgré l'habituelle dispersion des arbres, nous pouvons fixer un chiffre approximatif en nous en rapportant à l'usage habituellement observé en Kabylie. Les femmes kabyles y sont chargées de la cueillette, opération toujours longue et pénible, et reçoivent, en échange de leur travail, le tiers des olives récoltées. Si l'on compte qu'un arbre en rapport donne une moyenne de 18 litres d'huile à 0 fr. 75 le litre, soit 13 fr. 50 par arbre, nous arrivons à 27 millions d'huile, dont le tiers, 9 millions, représenterait la valeur des produits abandonnés aux indigènes, pour la seule opération de la cueillette. Nous ne compterons rien pour les autres travaux : greffage, taille, piochage, etc. ; nous les supposerons, ce qui est assurément inexact dans bien des cas, exécutés par le personnel de la ferme.

Pour le tabac, la culture européenne s'étend sur une moyenne de 2.700 hectares habituellement travaillés à moitié ; les agronomes algériens estiment à 100 francs par hectare, au bas mot, la somme qui doit revenir à l'indigène pour ses travaux : labour, semis, repiquage, sarclage, cueillette, etc., soit un minimum de 1.080.000 francs, que nous réduirons à la somme ronde de 1 million, pour tenir compte des quelques européens employés à cette culture.

Nous ne parlerons que pour mémoire des 15.000 hectares de pommes de terre, des 11.000 hectares de prairies artificielles, des 12.500 ruches appartenant aux Européens, supposant que le personnel ordinaire de la ferme est en mesure d'en assurer la mise en valeur. Par contre, ce sont bien des journaliers indigènes qui, dans les prairies naturelles, les terres laissées en jachères, sont employés aux fauchages, aux fanages, à la mise en melons, etc. Si l'on tient compte de l'usage généralement observé qui est de laisser reposer une année sur deux les terres de labour, les Européens doivent avoir tous les ans de 450 à 500.000 hectares de prairies naturelles, de valeur, il est vrai, très variable. Retenons-en 200.000 (chiffre certainement trop faible) comme présentant une valeur suffisante pour être exploités normalement; à 15 francs de frais de main-d'œuvre journalière par hectare, pour les divers travaux précités, c'est encore trois millions à ajouter aux sommes perçues par la population indigène.

INDUSTRIES AGRICOLES.

Il y a des industries agricoles qui ne sauraient être séparées de la colonisation proprement dite.

Une des plus importantes est la cueillette de l'alfa ; nous ne nous y arrêterons pas cependant, parce que la plupart des alfatiers sont des espagnols, et qu'on ne rencontre guère d'indigènes occupés à ce travail que sur les Hauts-Plateaux constantinois.

Il en est tout autrement de l'industrie du crin végétal et de celle du liège, qui sont plus spécialement le fait des indigènes.

L'Algérie exporte annuellement une moyenne de 26.000 tonnes de crin végétal ; les évaluations les plus modérées portent à 60 francs par tonne la somme distribuée en salaires divers pour la préparation de la feuille, le peignage et le tressage de l'étoupe, soit environ 1.560.000 fr., sans tenir compte des salaires dépensés pour produire le crin qui ne sort pas de la colonie.

Le liège brut compte pour 90.000 quintaux dans nos exportations ; ce sont presque uniquement des kabyles qui se chargent de l'enlèvement de l'écorce, de l'empilage des planches, etc. ; il faut compter en moyenne 5 francs par quintal de salaires à leur distribuer pour ces travaux, soit en tout 450.000 francs. A cette somme il faudrait en ajouter une autre, probablement aussi importante, pour le démasclage des forêts non encore en production et les travaux supplémentaires de raclage, bouillage, visage, etc., que le service forestier ne fait pas exécuter pour ses produits, mais qui sont pratiqués dans la plupart des exploitations particulières.

Si nous totalisons tous ces chiffres, nous voyons que la colonisation fait bénéficier chaque année la main-d'œuvre indigène d'une somme de

57.210.000 francs ; encore nos évaluations sont-elles très modérées, et n'avons-nous pas parlé de toutes les cultures, ni surtout de toutes les industries agricoles.

Nous n'avons rien dit de la distillerie qui occupe, à la vérité, peu d'indigènes, mais la minoterie en occupe un très grand nombre ; à plus forte raison n'avons-nous pas parlé des industries purement indigènes qui existaient avant la conquête et que la présence des Français n'a fait souvent que développer, comme la peausserie, la sparterie, la fabrication des tapis, etc. Pourtant, il nous semble impossible de passer sous silence deux groupes d'industries dont le développement est parallèle à celui de la colonisation : les industries du bâtiment ou plutôt l'ensemble des industries qui fournissent au colon les moyens de vivre et d'exploiter le sol, et enfin l'industrie des transports.

Il est clair que les plantations de vigne, par exemple, ont amené la construction de caves, de chais, de foudres, de cuves, etc. A part les fers qui sont importés, la plupart des matériaux de construction sont trouvés ou fabriqués sur place ; ce sont souvent des indigènes qui fabriquent les tuiles, les briques, les carreaux communs ; ils fournissent beaucoup de maçons et de terrassiers et presque tous les aide-maçons.

Nous ne chercherons pas à évaluer rigoureusement le chiffre total des salaires dont ils profitent par suite du développement de toutes ces industries qui ne sont qu'une conséquence de l'extension de notre colonisation.

Toutefois, pour donner une idée de ce que pourrait être le chiffre global, nous indiquerons un chiffre partiel : Depuis 4 ou 5 ans, dans la seule Mitidja, on a planté tous les ans environ 5.000 hectares de vignes nouvelles pour lesquelles il a fallu prévoir le logement de 500.000 hectolitres de vin au minimum.

Suivant le goût du propriétaire, qui préfère les foudres en bois ou les cuves en brique ou en maçonnerie, le logement d'un hectolitre, construction de la cave comprise, oscille entre 6 et 15 fr. ; adoptons le chiffre moyen minimum de 8 fr.; chaque année, et de ce seul chef, c'est une somme de 4 millions de travaux neufs sur lesquels une bonne part revient nécessairement aux travailleurs indigènes.

De même nous croyons devoir leur tenir compte des sommes dont ils bénéficient lorsqu'ils sont employés au transport des produits agricoles. Dans beaucoup de contrats il est stipulé que le colon vend sa récolte rendue au port le plus proche. Or l'Algérie exporte une grosse partie des produits qu'elle tire de son sol ; tous les ans, c'est 3.500.000 hectolitres de vin, c'est-à-dire avec la futaille environ 440.000 tonnes ; c'est 210.000 tonnes de céréales, pour ne citer que les plus gros chiffres ; presque toutes ces marchandises effectuent d'abord un certain trajet sur charrettes, puis empruntent la voie ferrée, parfois avec un ou plusieurs transbordements, pour arriver jusqu'au port. Le plus souvent ce sont des indigènes qui conduisent les charrettes, qui chargent et déchargent les wagons, qui manipulent les marchandises à quai. Et pour dire un mot de deux modes de transport bien curieux, ne sont-ce pas aussi des indigènes qui, sur des voitures légères, les *Arabas*, enlèvent dans le Sud constantinois les céréales, les dattes de nos colons et leur apportent en retour les produits manufacturés qu'ils font venir du Tell ? La Kabylie n'a-t-elle pas, de son côté, ses mule-tiers colporteurs d'huiles ?

Quelque modéré que nous puissions être, nous ne pouvons admettre que, pour ces deux groupes d'industries inséparables de notre agriculture, l'élément indigène perçoive pour sa part moins de 4 à 5 millions annuellement.

En résumé, il ne nous paraît pas possible d'évaluer à moins de 60 millions la masse des salaires que les colons distribuent annuellement aux indigènes algériens.

DE L'IMPORTANCE RELATIVE DE CETTE SOMME DE 60 MILLIONS

Ce chiffre de 60 millions, par son énormité même, n'aurait pas besoin d'être commenté, mais il emprunte aux circonstances spéciales à l'Algérie, aux façons de vivre des populations indigènes, une importance qui en accroît encore singulièrement la valeur.

Avec 0 fr. 50 par jour, un indigène adulte se nourrit parfaitement, lorsqu'il travaille hors de chez lui ; lorsqu'il vit en famille, il ne dépense pas plus de 0 fr. 30 à 0 fr. 35 par jour ; avec 1 franc, une famille normalement composée, c'est-à-dire comprenant deux personnes adultes et trois enfants, qui habite dans son gourbi, dont les dépenses de vêtements peuvent se réduire à quelques francs dans l'année, qui se nourrit habituellement de quelques sous de galette d'orge et de couscous, ajoutés à des cœurs d'artichauts sauvages, des mauves et d'autres plantes que les enfants vont chercher dans les champs, passerait certainement, parmi les indigènes, pour une famille presque aisée, en tout cas complètement à l'abri du besoin. Toutes proportions gardées, en tenant compte de la différence du milieu et des mœurs, elle se trouverait dans des conditions de vie au moins aussi bonnes que la famille d'un journalier de France qui gagnerait d'un bout de l'année à l'autre 2 fr. 50 par jour. Et combien y a-t-il de nos paysans qui n'arrivent pas à cette modeste situation ?

La population agricole indigène de l'Algérie se compose d'environ 3.400.000 âmes ; au taux moyen de 0 fr. 20 par jour et par tête ces 60 millions de salaires suffiraient à assurer la subsistance de 833.000 indigènes, c'est-à-dire du quart de ceux qui vivent de l'agriculture. Répartis entre ces 3.400.000 personnes, ils laisseraient à chacune environ 17 fr. 65, le quart environ de ce qui suffit à assurer les besoins de l'indigène.

DES ÉCONOMIES RÉALISÉES PAR LES OUVRIERS INDIGÈNES.

Il est facile en effet de reconnaître à quel point les salaires agricoles, qui oscillent entre 1 fr. 50 et 3 fr. par jour, suivant la nature du travail, dépassent les modestes besoins de ces travailleurs. Nous avons dit que beaucoup de propriétaires, pour avoir sous la main, en cas d'urgence, une main-d'œuvre à peu près assurée, abandonnent à des Arabes pauvres, à proximité de leurs fermes, un petit terrain où ils construisent leur gourbi et peuvent, quand ils ne sont pas trop paresseux, cultiver quelques légumes. Lorsque le travail se présente, ils sont naturellement les premiers appelés à en prendre leur part.

Eh bien, qu'arrive-t-il ? Aussitôt qu'ils ont touché le produit de quelques journées et qu'ils s'aperçoivent qu'ils ont assez pour vivre un certain temps sans rien faire, le naturel reprend le dessus. Quelle que soit l'urgence du travail, le colon n'a plus prise sur eux ; impossible de raisonner ces « buveurs de soleil » et de les ramener à la charrue. Aussi le propriétaire, qui connaît son monde, doit-il prendre ses précautions ; et, lorsqu'il s'agit de travaux de courte durée, mais pressants, il convient à l'avance avec ses ouvriers, — ce qui est en somme son intérêt, mais surtout le leur — qu'ils recevront des à-comptes et attendront la fin pour le règlement définitif.

On retient plus aisément au travail les indigènes qui viennent par bandes chercher de l'ouvrage de ferme en ferme, jusque parfois très loin de leur pays.

Après une campagne de quelques semaines, il est constant que les Kabyles rentrent dans leurs montagnes avec de grosses économies.

Avec des engagements d'aussi courte durée, le va-et-vient incessant de parents, d'amis du même village travaillant aux mêmes chantiers, il faut assurément une nécessité pressante pour qu'ils se décident à faire les frais de mandats-poste afin d'envoyer tout ou partie de leur épargne à leur famille.

Et cependant, malgré les frais, malgré les formalités quelquefois gênantes pour l'Européen, combien plus gênantes encore pour le Kabyle qui, très souvent, ignore notre langue, presque toujours est incapable de faire établir lui-même son mandat, malgré l'obligation où se trouvera sa famille de faire des kilomètres pour le réaliser, il a été envoyé par le seul bureau de poste de Boufarik, pendant l'année agricole 1896-1897, 20.300 francs de ces mandats, et 19.500 fr. pendant l'année 1897-98. Et tout autour de Boufarik, sans parler des villages intermédiaires qui font aussi leurs envois, c'est l'Arba qui arrive à 2.180 fr. en 96-97 et 3.200 fr. en 97-98 ; c'est Rouïba, où sont employés cependant tant de Mahonais, qui envoie encore 1.150 fr. et 1.575 fr. ; c'est Koléa, où domine la petite culture, avec 1.220 fr. et 1.325 fr. ; et plus loin, dans la vallée du Chéliff, Affreville avec 2.500 fr. et près de 4.000 fr. ; Orléansville, avec 13.400 fr. et 8.050 fr.

Si nos travailleurs kabyles peuvent faire de pareils envois, lesquels ne portent évidemment que sur des parcelles de l'ensemble des économies réalisées, c'est bien que, comme nous le disions tout à l'heure, la quotité de leurs salaires journaliers dépasse infiniment leurs besoins. Quelle amélioration dans la situation matérielle, quelle augmentation générale de bien-être doit représenter pour la masse des indigènes cette somme de 60 millions de salaires qui, tous les ans, leur est aujourd'hui assurée par nos colons !

DE LA SUPPRESSION DES FAMINES CHEZ LES INDIGÈNES
DEPUIS L'EXTENSION DE LA COLONISATION FRANÇAISE

D'ailleurs les événements sont là pour en témoigner avec une irrésistible éloquence : en 1867, quatre années à peine après la promulgation du sénatus-consulte de 1863 qui « accordait bénévolement et gracieusement aux tribus de l'Algérie la propriété définitive des territoires dont elles n'avaient, sous la domination turque, que la jouissance précaire » éclatait une famine générale. Malgré les secours de l'État, les souscriptions, les efforts de la charité particulière qui furent immenses, 300.000 indigènes, au bas mot, périrent de la façon la plus lamentable, sous les tortures de la faim.

Et comment en aurait-il été autrement, avec des populations qui poussent l'imprévoyance jusqu'à vendre, aussitôt après la récolte, tous les grains dont elles disposent, quitte à emprunter ensuite à gros intérêts, en général à des coreligionnaires plus aisés, les petites quantités d'orge ou de blé nécessaires pour manger jusqu'à la récolte suivante. En temps normal, c'est la misère ; si la récolte manque, c'est la famine.

Dans les pays éloignés des centres de colonisation, où l'indigène réduit à ses propres ressources ne peut compter sur l'appoint que lui procureraient des journées de travail chez le colon français, cette misère habituelle est souvent effrayante. Même pendant les bonnes années, il y a des milliers et des milliers d'arabes qui non seulement ne mangent pas à leur appétit, mais ne peuvent, même avec le secours des plantes et des herbes sauvages, arriver à se soutenir suffisamment ; si bien qu'à la longue les organes de la digestion ne remplissant plus leurs fonctions finissent par s'atrophier. Suivant l'énergique expression d'un médecin militaire qui avait vécu longtemps dans ces régions : « Il y a en pays arabe beaucoup de gens qui passent leur vie à mourir de faim. »

Depuis 1867 la colonisation s'est développée ; les mêmes accumulations de désastres se sont reproduites ; sécheresse, invasions de sauterelles, absence totale de récoltes plusieurs années de suite. Qu'est-il arrivé ? En territoire colonisé, les indigènes n'ont pas ou ont peu souffert ; dans les régions non colonisées, le spectre de la famine a reparu à plusieurs reprises et, comme en 1867, malgré les souscriptions, les ressources de la charité particulière et officielle, nombre de malheureux sont morts de faim, tant est vrai le mot du président de notre premier Congrès des Agriculteurs : « La famine ne se montre plus en pays de colonisation. »

DE L'ACCROISSEMENT PARALLÈLE DU NOMBRE DES COLONS EUROPÉENS
ET DU CHIFFRE DE LA POPULATION INDIGÈNE.

En revanche, par une conséquence naturelle de l'augmentation générale des ressources, l'accroissement de la population indigène a suivi une marche parallèle à celle des progrès de la colonisation :

	Population agricole européenne.	Population indigène.
1872....................	?	2.125.052
1876....................	118.852	2.462.936
1881....................	146.657	2.850.866
1886....................	187.033	3.262.849
1891....................	198.975	3.554.067
1896....................	199.145	3.756.908

Ainsi, pendant que dans la période antérieure à 1872, où la colonisation était encore très restreinte, où les cultures riches étaient rares, où la vigne notamment ne couvrait que des espaces infimes, la population indigène restait à peu près stationnaire ; aussitôt que les entreprises de colonisation deviennent plus nombreuses et plus fécondes, on voit la population indigène augmenter d'une façon régulière et continue. Et pendant ces vingt dernières années, tandis que la population agricole européenne s'accroissait de 81.000 unités, soit de 68 o/o, le nombre des indigènes passait de 2.462.936 à 3.756.908, avec une augmentation de 1.294.000 unités, soit de 51 o/o, qu'envieraient les contrées de l'Europe où la prospérité est la plus incontestable, la natalité la plus relevée.

COMMENT LA COLONISATION FRANÇAISE N'A RIEN ENLEVÉ AUX INDIGÈNES DES MOYENS D'EXISTENCE DONT ILS JOUISSAIENT AVANT LA CONQUÊTE.

On a prétendu parfois que si la colonisation fait profiter les indigènes de salaires considérables dont ils ne bénéficiaient pas avant la conquête, elle a, d'autre part, en mettant en culture des territoires dont ils jouissaient auparavant, diminué dans une certaine mesure leur production agricole directe.

Il faudrait donc, pour être juste, défalquer des 60 millions de salaires une certaine somme qui serait l'équivalent de cette diminution de produits.

Mais il n'en est rien, et ce sont bien 60 millions nets qui viennent s'ajouter, se superposer aux resssources dont jouissaient de temps immémorial les indigènes. Il suffit en effet d'ouvrir les statistiques pour reconnaître qu'ils produisent sensiblement plus de céréales qu'autrefois, qu'ils ont un plus grand nombre de moutons et de bœufs, et que, par conséquent, tout en tenant compte de l'augmentation de la population, la situation économique de la masse, sur l'ensemble du territoire, n'a pas dû se modifier sensiblement, sauf en ce qui concerne cet appoint énorme de bénéfices qui leur sont fournis par la colonisation.

Comment expliquer cette apparente anomalie ?

Les indigènes ont perdu 1.400.000 hectares qui sont devenus propriété européenne et cependant, des 7 millions environ d'hectares qu'ils mettent aujourd'hui en culture, ils tireraient autant de produits qu'ils en tiraient autrefois de la totalité du sol algérien.

L'explication est des plus simples :

LE SAHEL, AUTREFOIS ET AUJOURD'HUI.

Lorsque les Français sont arrivés en Algérie, les collines du Sahel, pour ne citer que cet exemple, leur apparurent comme une région presque dénudée, couverte en majeure partie de broussailles et de rochers ; çà et là quelques haouchs, de rares maisons de campagne entourées de jardins, sur quelques points privilégiés seulement des cultures un peu étendues ; l'aspect général était si aride, si désolé, que beaucoup, parmi les esprits les plus favorables à la colonisation, jugèrent que la fertilité de cette terre, qui passait pour avoir été longtemps un des greniers de Rome, avait dû être singulièrement exagérée, et crurent de bonne foi que l'agriculture française n'arriverait jamais à en tirer un parti rémunérateur.

Quelle ne serait pas leur stupéfaction, s'ils pouvaient revoir aujourd'hui le Sahel !

Les broussailles ont presque partout disparu et à leur place s'étendent plus de 12.000 hectares de vignes en pleine prospérité, car c'est la vigne qui a fait en grande partie ce miracle de la transformation si rapide du Sahel : là où poussaient autrefois quelques maigres céréales, où vivait une population pauvre et clairsemée, s'élèvent de tous côtés fermes et villas, la population a décuplé sans doute, et le sol fait vivre non seulement ses habitants, mais plusieurs milliers de Kabyles qui viennent y chercher les salaires agricoles sans lesquels ils ne pourraient subsister.

LA MITIDJA, AUTREFOIS ET AUJOURD'HUI.

Et si nous descendons maintenant dans la Mitidja, le changement est, s'il se peut, plus grand encore.

Des marais à peu près partout ; marais à Boufarik, marais à l'Oued-el-Alleug, et au-delà c'était le lac Halloula où de vieux Arabes se rappellent avoir vu chasser en barque le canard sauvage ; tout autour de la plaine, dans les parties élevées, des broussailles où vivait la panthère et où s'aventurait parfois le lion ; sur quelques points seulement de la grande plaine, rares sommets qui émergeaient légèrement au-dessus du niveau de l'immense cuvette, quelques haouchs, propriétés d'agrément surtout, entourées d'orangers et de loin en loin un champ de blé.

Mais le colon est venu, les marais ont été drainés et ont fini par disparaître ; le lac Halloula lui-même n'existe plus ; la plaine s'est peu à peu couverte de prairies, de céréales, d'orangeries ; enfin est venue la vigne qui s'étend aujourd'hui sur plus de 25.000 hectares et assure du travail à des milliers d'indigènes de la Kabylie ou des montagnes voisines de l'Atlas.

Dans les deux cas l'activité laborieuse de nos colons s'est exercée sur des terres dont la plus grande partie était laissée sans culture et complètement improductive.

Et ce qui est vrai de la Mitidja et du Sahel s'applique à des degrés différents à toutes les régions de l'Algérie où la colonisation a pénétré. Il serait facile de le constater par une enquête, il n'y a peut-être pas un propriétaire européen dans la colonie dont les terres de culture n'aient été conquises, au moins pour une grosse part, par lui ou par ses prédécesseurs européens, sur la broussaille, les palmiers nains, les lentisques, les jujubiers. De terres improductives qu'elles étaient restées pendant des siècles entre les mains des indigènes, elles sont devenues terres de rapport, pour l'Européen qui a créé l'exploitation et qui la dirige, aussi bien que pour l'indigène qui lui apporte sa main-d'œuvre.

COMMENT L'INDIGÈNE NE PEUT CULTIVER EN TERRES FORTES.

Et d'ailleurs, comment aurait-il pu en être autrement ? Non seulement l'indigène n'avait ni les connaissances, ni les capitaux nécessaires pour drainer, défricher les plaines aujourd'hui occupées par la colonisation ; mais à supposer même que ces travaux eussent été exécutés et les terres prêtes pour la culture, dans la majeure partie des cas il lui eût été impossible de labourer.

Presque toutes les grandes plaines de l'Algérie, Mitidja, plaines de

Bône, de l'Habra, bas-fonds de la Kabylie, etc., sont argileuses et par conséquent composées de terres fortes. La charrue indigène, la pauvre araire primitive, traînée par un attelage insuffisant, est incapable de les pénétrer ; c'est à peine si elle peut s'enfoncer des quelques centimètres indispensables dans les terres plus meubles des collines et des plateaux. Nécessairement il fallait attendre l'Européen et ses charrues perfectionnées pour mettre en valeur les plaines.

Quant aux parcelles que la colonisation s'est attribuées de ci de là et qui, au moment de la conquête, étaient cultivées par les indigènes, encore est-il juste d'ajouter que laissées en céréales, par suite de l'amélioration des procédés de culture, elles rapporteraient aujourd'hui en salaires à leur ancien propriétaire devenu journalier chez l'Européen, à peu près autant que ce qu'il tirait autrefois lui-même de son sol ; que, transformées en vignes, elles lui rapporteraient au moins dix fois plus.

Quelle que soit la façon d'envisager le problème, on est toujours fatalement amené à cette conclusion : que, dans la presque totalité des cas, la venue des Européens a été pour les indigènes une source de bien-être et de prospérité ; que la situation économique du plus grand nombre est incontestablement bien supérieure à ce qu'elle était avant la conquête.

Il nous resterait à montrer maintenant quelle a été l'influence morale de la colonisation sur la population indigène, à quel point elle a préparé le rapprochement de la race conquérante et de la race conquise.

DU RAPPROCHEMENT DES FRANÇAIS ET DES INDIGÈNES COMME CONSÉQUENCE
DE LA COLONISATION.

D'une manière générale, ce rapprochement ne fait pas de doute ; il se manifeste sous des formes différentes dans toutes les régions de l'Algérie et dans toutes les classes de la société indigène. Nous nous contenterons à cet égard de quelques exemples :

EN KABYLIE.

En Kabylie, il est clair que la situation actuelle témoigne d'une réelle prospérité. La population s'y est accrue depuis 20 ans dans des proportions considérables, au point que ce sol accidenté et généralement pauvre, où l'on ne rencontre ni exploitations minières, ni grandes industries, abrite aujourd'hui une population sur bien des points aussi dense que celle des parties les plus peuplées des Flandres. La valeur de la terre a augmenté sensiblement, et à chaque vente domaniale nombreux sont les Kabyles qui viennent disputer avec acharnement les moindres morceaux, ce qui tend bien à prouver qu'il existe une épargne dans le pays.

A l'instar de nos colons, les Kabyles cultivent aujourd'hui la pomme de terre et quelques-uns de nos arbres fruitiers ; mais si le pays produit beaucoup plus qu'autrefois, il ne produit pas encore assez pour nourrir tous ses habitants ; il y a donc une émigration considérable, les uns viennent dans les villes travailler comme portefaix, colporteurs, ou s'établir commerçants, d'autres vont travailler dans les fermes, d'aucuns ont appris un peu de français dans nos écoles, d'autres en apprennent quelques mots le long des chemins, en exerçant leur métier, et arrivent à se tirer à peu près d'affaire dans notre langue. Tout ce monde entre en contact avec l'Européen, et peu à peu il se produit entre eux et nous une telle pénétration des intérêts, une telle nécessité de rapports et d'échanges quotidiens, que toute rupture entre les deux races semble devenir de plus en plus improbable.

COMMENT LA COLONISATION A AMENÉ L'ÉMANCIPATION DU KHAMMÈS.

Dans la société arabe sédentaire nous distinguerons seulement entre les pauvres et les riches. Pour ce qui est des premiers, il se trouve évidemment parmi eux nombre de gens sans foyer, qui n'ont pas de biens au soleil et en sont réduits, pour assurer leur existence, à vivre de leur travail ; cependant la plupart des arabes pauvres sont de petits propriétaires et les parcelles qu'ils possèdent suffiraient souvent à les faire vivre ; mais comme les 3/4 du temps ils n'ont pas la semence nécessaire pour tirer parti de leur sol, ils sont obligés, à moins de de faire un emprunt à gros intérêts, de louer leur terre ou de la laisser inculte. Autrefois ils vivaient surtout en entreprenant pour le compte d'un Arabe riche la culture d'une portion déterminée ; le propriétaire fournissait la semence ; eux apportaient leur travail pour le labour et la moisson et recevaient en échange le cinquième de la récolte, d'où leur nom de khammès. Mais en pays arabe, ce 1/5 de récolte, calculé sur un rendement moyen de 4 à 6 quintaux à l'hectare, était à peine suffisant pour lui permettre de vivre dans les bonnes années ; dans les mauvaises, il empruntait au maître ; il fallait bien ne pas mourir de faim ; comme sa part des bonnes récoltes ne lui laissait guère de disponibilités, la dette subsistait toujours, et toute sa vie le khammès restait débiteur du grand propriétaire indigène qui le retenait sur sa terre dans une situation voisine de celle de nos serfs d'autrefois.

La venue des colons français a été pour ces pauvres gens un véritable soulagement : ils peuvent maintenant aller faire chez qui bon leur semble des journées qui leur sont payées à un taux que nous avons montré être largement rémunérateur.

Non seulement ils ont, s'ils le veulent, l'existence assurée, mais il leur est loisible de faire des économies et d'arriver ainsi, par le salariat chez l'Européen, à recouvrer la possibilité de tirer parti de leur situation de propriétaires indigènes. Sur les économies gagnées chez l'Européen, ils peuvent en effet acheter la semence nécessaire et, d'autre part, en travaillant chez lui, ils ont appris à cultiver d'une façon plus intelligente et plus rémunératrice. C'est ainsi que dans le Sahel notamment, où les Arabes sont relativement laborieux et instruits, on en voit déjà un certain nombre, gagnés par l'exemple des colons européens qui les avaient longtemps employés comme journaliers, se mettre à faire des légumes sur leurs petites propriétés et acquérir une très large aisance.

Loin d'être une cause de misère pour eux, la colonisation n'a donc fait que servir leurs intérêts en les émancipant vis-à-vis du grand propriétaire indigène ; inconsciemment, par le libre jeu des forces économiques naturelles, elle a fait à l'égard de la classe la plus nombreuse et la plus intéressante, œuvre de justice et d'humanité.

LES GRANDS PROPRIÉTAIRES INDIGÈNES.

En ce qui concerne les grands propriétaires indigènes, le rapprochement se manifeste sous des formes bien plus apparentes encore.

Souvent ils siègent à côté de nos colons dans les Assemblées publiques ; ils sont membres de nos Comices agricoles, de nos Jurys de concours. Assurément il en est peu encore qui prennent aux travaux de ces sociétés une part active et personnelle. Mais tous tirent plus ou moins profit de ce contact quotidien, amical et familier. Beaucoup, devant la supériorité des résultats obtenus, se mettent à imiter les colons de leur voisinage, à acheter des charrues françaises, des faucheuses, à faire battre leur blé à la machine, etc., et tirent de beaux bénéfices de cette transformation de leurs méthodes séculaires.

Qu'en résulte-t-il fréquemment ? Tandis que le colon français, souvent trop hardi dans ses essais, ou qui veut marcher trop grandement ou trop vite avec des capitaux insuffisants, est parfois acculé à la ruine, le grand propriétaire indigène, qui n'a marché qu'à coup sûr, d'après des expériences mille fois répétées par ses voisins européens et devenues concluantes, qui n'a d'ailleurs pas eu à débourser les frais énormes de premier établissement, s'est enrichi ; et quand vient le jour des enchères, c'est lui qui se porte acquéreur, et vient bénéficier des travaux de nos compatriotes.

Les faits de ce genre ne sont pas rares ; dans toute la zone des Hauts-Plateaux constantinois, aux environs de Sétif, à Coligny, à Bouhira, à Châteaudun-du-Rhummel, et plus loin autour de la Meskiana, dans tous ces pays de céréales et d'élevage si éprouvés pendant ces dernières années, la propriété européenne semble avoir reculé par suite des rachats considérables effectués par les indigènes ; à tel point que dans cette région ce n'est plus la propriété indigène, c'est la propriété française qu'il faudrait protéger.

TRANSFORMATION GÉNÉRALE DES MŒURS.

Il serait intéressant de faire ressortir les transformations générales qui, sous l'influence du contact de l'Européen, s'opèrent lentement, mais sûrement, dans la société indigène : par exemple un certain adoucissement graduel des mœurs, et, avec l'augmentation des ressources et du bien-être, un goût plus grand de la propreté, une plus grande dépense pour le vêtement, toutes choses qui intéressent au premier chef les savonneries de Marseille, comme les usines de Flers ou de Roanne.

Nous dirons un mot cependant d'une de ces questions, parce qu'elle intéresse au plus haut degré l'avenir de la colonisation, nous voulons parler de la diminution de la criminalité.

DIMINUTION DE LA CRIMINALITÉ.

Il existe encore en Algérie des douars dont l'industrie traditionnelle, depuis des siècles, est le vol : avant la conquête il se pratiquait sous forme de razzia ; depuis c'est le brigandage à main armée et plus souvent le vol la nuit, vol de bestiaux ou de récoltes.

Malheur aux colons établis dans le voisinage d'un de ces douars ; seules des mesures administratives sévères peuvent les mettre à l'abri de leurs déprédations.

Mais, dans la plupart des cas, il est constant que les indigènes sont poussés au vol par la misère, par l'impossibilité où les place leur absence de capitaux, leur inexpérience ou leur défaut d'initiative, de se procurer par eux-mêmes les produits dont ils auraient besoin ou simplement dont ils convoitent la possession.

En ce cas, la venue au milieu d'eux de colons français, avec ses conséquences ordinaires, mise en exploitation de terres jusque-là improductives, création d'industries et par suite distribution de salaires qui répandent l'aisance dans le pays, apparaît comme le remède le plus simple, le plus économique et le plus sûr.

Aux environs d'Attatba, les vols étaient autrefois très nombreux : des colons y introduisent la culture du tabac qui exige une main-d'œuvre considérable ; l'existence des indigènes devient plus facile et plus assurée, les vols disparaissent aussitôt.

Chez les Igher-Amokan, près de Bougie, on comptait une moyenne de 4 vols par mois : un colon fonde une usine de crin végétal ; depuis 3 ans il n'y a plus de vol dans le pays.

CONCLUSIONS.

En résumé, quelle que soit la manière dont on envisage cette question de la colonisation et des indigènes, il faut reconnaître que dans la généralité des cas la masse des indigènes a grandement profité de la venue des Européens ; que dès maintenant elle reçoit chaque année de nos colons, sans qu'il y ait de par ailleurs aucune diminution dans ses ressources, une somme minimum de 60 millions de salaires agricoles qui produit sur elle un effet utile analogue à celui que produiraient, toutes proportions gardées, 150 millions de salaires distribués dans une population de 3 millions et demi de Français.

Quel serait donc l'intérêt bien entendu des indigènes algériens ? Y a-t-il une raison sérieuse pour rester dans le *statu quo*, pour les obliger à conserver improductives les étendues considérables de terres dont ils disposent et qui dépassent leurs besoins, dont ils sont d'ailleurs incapables de tirer parti par leurs moyens propres, alors que, si ces terres passaient entre des mains françaises, ils y trouveraient un double profit : d'abord le prix de leur vente leur assurerait les moyens de mieux cultiver les espaces qu'ils conserveraient ; ensuite ils bénéficieraient des salaires agricoles et industriels que nécessairement devraient mettre à leur disposition les colons pour tirer parti de leurs nouvelles acquisitions. Il n'y aurait aucune difficulté insurmontable à faire déterminer par l'Administration — ce qui est nécessaire pour satisfaire largement aux besoins des membres d'une tribu, et qui deviendrait inaliénable, — ce qu'au contraire ils auraient la faculté d'aliéner.

Sans doute quelques spéculateurs kabyles ou arabes, dont le but est d'étendre le plus possible leurs terres pour les louer ensuite à des coreligionnaires pauvres, suivant les formes usitées autrefois, et que nous avons montré être ruineuses pour le khammès, verront leurs manœuvres menacées par une extension nouvelle de notre colonisation. Mais que doivent peser ces intérêts particuliers en présence de l'intérêt de l'immense majorité de la population indigène, de l'intérêt de la France, dont la suprématie dans l'Afrique du Nord est indissolublement liée à l'accroissement rapide du nombre de ses colons ?

En demandant la faculté d'acquérir des indigènes des terres nouvelles, les Français d'Algérie réclament une mesure qui sera pour eux une mesure de justice, pour la population indigène une mesure de sage prévoyance ; peut-être le Parlement est-il trop porté parfois à oublier que dans ce rapprochement des deux races qui est un de ses rêves les plus chers, le colon français sera le plus sûr auxiliaire de ses efforts ; qu'en travaillant pour lui, il travaille aussi et surtout pour la prospérité, pour la grandeur de la Patrie.

TABLEAU :

TABLEAU des salaires distribués aux indigènes algériens par les colons européens.

PRINCIPALES CULTURES OU INDUSTRIES AGRICOLES (1)		BASES D'ÉVALUATION	CHIFFRES OBTENUS	CHIFFRES adoptés après réductions diverses
Cultures.........	Vignes (125.000 hectares).	Salaires distribués à l'hectare : 250 fr.	31.250 000	23.000.000
	Céréales (480.000 hectares).	id. 30 fr.	14.400.000	12.000.000
	Ouvriers indigènes attachés aux fermes (cochers, bergers, laboureurs, etc.).	2 indigènes pour 6.000 fermes, à raison de 50 francs par mois chacun.	7.200.000	7.200.000
	Cultures maraîchères (légumes et primeurs).		mémoire.	mémoire.
	Orangers, citronniers (750.000 arbres)		mémoire.	mémoire.
	Oliviers greffés (2 millions d'arbres).	18 litres d'huile par arbre dont le tiers abandonné aux indigènes pour la cueillette..............	9 000.000	9.000 000
	Tabac (2.700 hectares).	400 francs par hectare..........	1.080.000	1.000.000
	Pommes de terre (15.000 hectares).		mémoire.	mémoire.
	Prairies artificielles (11.000 hectares).		mémoire.	mémoire.
	Prairies naturelles (200.000 hectares traités).	Salaires distribués à l'hectare : 15 fr.	3.000.000	3.000 000
Industries agricoles	Apiculture (12.500 ruches).		mémoire.	mémoire.
	Alfa.		mémoire.	mémoire.
	Crin végétal (26.000 tonnes).	Salaires distribués : 60 fr. par tonne.	1.560.000	1.560.000
	Liège (exportation 90.000 quintaux).	Salaires distribués : 5 fr. par quintal.	450.000	450.000
Industries connexes à la colonisation.......	Construction des fermes, caves et autres bâtiments agricoles. Transport des produits agricoles.	Salaires distribués aux indigènes.— Evaluation globale...............	4 à 5 millions.	4 à 5 millions.
	TOTAL GÉNÉRAL.............		....	61.210.000 à 62.210.000

Evaluation minimum des salaires assurés par la colonisation aux indigènes : *60 millions.*

(1) Les chiffres qui figurent dans cette colonne sont tous empruntés aux documents officiels.

ALGER. — IMPRIMERIE P. FONTANA ET COMPAGNIE

Rue d'Orléans, 29. — 1-1900

9 782012 890503